ENCYCLOPÉDIE BIOGRAPHIQUE

DU DIX-NEUVIÈME SIÈCLE.

EXTRAIT

DE LA

TROISIÈME CATÉGORIE:

ILLUSTRATIONS NOBILIAIRES.

PARIS.

BUREAUX DE L'ENCYCLOPÉDIE BIOGRAPHIQUE,

RUE CASSETTE, 8.

1844.

HALLAY-COËTQUEN (MAISON DU)

ARMES : *écartelé aux 1er et 4e de gueules, frêté d'argent qui est du Hallay, aux 2e et 3e bandé d'argent et de gueules, qui est de Coëtquen;* COURONNE *de marquis, portant en cimier une tête de vieillard;* SUPPORTS : *Une pucelle à droite, un griffon à gauche.*

La Maison DU HALLAY, qui a ajouté à son nom primitif celui de COETQUEN, ainsi que nous le verrons dans cet article, est une ancienne et noble famille, originaire de la Bretagne, où elle possédait, avant le XIIIe siècle, la terre de son nom, près Fougères. A défaut de documents authentiques sur l'existence des premiers seigneurs du Hallay, nous ne commencerons la généalogie de cette maison qu'à Raoul, puisque c'est seulement à partir de lui qu'elle est établie d'une manière complète.

I. RAOUL DU HALLAY, seigneur du Hallay; une charte de Hugues de Lezignan, comte de la Marche et d'Angoulême, sire de Fougères, en date de 1269, lui assure l'exemption de tous droits sur ses biens, attendu, dit la charte, que ses ancêtres n'y avaient pas été sujets.

II. GUILLAUME DU HALLAY, premier du nom, épousa CATHE-

2

rine de Coesmes, fille du sire Briant de Coësmes, d'une illustre maison de Bretagne, dont il eut Guillaume du Hallay, qui suit :

III. Guillaume du Hallay, deuxième du nom, marié, en 1313, à Jeanne de Montbourcher, fille de Renaud de Montbourcher et de Jeanne de Saint-Brice, dont il eut, entre autres enfants :

IV. Pierre du Hallay, célèbre pour avoir donné le jour à l'un des plus vaillants capitaines de son siècle, Jean du Hallay, frère cadet de Guillaume du Hallay dont l'article suit. Jean du Hallay servit avec Bertrand du Guesclin, dont il portait la bannière à la bataille de Cocherel, en 1364, et la défendit vaillamment. Avant cette époque, c'est-à-dire en 1353, étant capitaine des hommes d'armes de Saint-Aubin-du-Cormier, il se distingua aussi au combat de Montmurran.

V. Guillaume du Hallay, troisième du nom, servit longtemps sous les ordres de son oncle, Jean du Hallay ; on le voit employé dans une montre du 6 décembre 1359, avec Olivier du Guesclin. Il avait épousé Gosseline de Saint-Gilles.

VI. Harcouet du Hallay, premier du nom, fut capitaine de Fougères. Il épousa Alix de Goyon, de la maison de Matignon, dont il eut trois enfants, savoir : Raoul, l'aîné, qui fut tué en Angleterre ; Harcouet le second, qui continua la postérité, et Gosseline du Hallay, laquelle épousa, en 1366, Pierre de Poillé.

VII. Harcouet du Hallay, deuxième du nom, hérita des noms et titres du Hallay par la mort de son frère, Raoul. Il fut gouverneur de Laval ; il assista au siége de Rambouillet où il reçut une blessure grave, des suites de laquelle il mourut. Il fut enterré à Meaux. Il laissa de Blanche Malor, sa femme :

VIII. Pierre du Hallay, deuxième du nom qualifié, dans un aveu du 9 septembre 1435, très puissant et honoré messire Pierre du Hallay, seigneur du Hallay et de Retiers. Après avoir combattu à la Guerche, en 1445, il alla au siége de Fougères où il mourut. Il avait épousé JEANNE DE HUSSON.

IX. JEHAN DU HALLAY fut un des vaillants chevaliers qui, sous les ordres de Jeanne d'Arc, contribuèrent à enlever aux Anglais les provinces dont ils s'étaient emparés sous les prédécesseurs de Charles VII, et à les chasser du territoire français. Il prit une part honorable aux batailles sanglantes de Fourmigny et de Castillon. Il avait épousé JEANNE DUGUÉ, dont il eut :

X. GILLES DU HALLAY, qui fut employé à la maison militaire de la reine Isabelle de Bavière. Il laissa plusieurs enfants de JEANNE D'ULST, sa femme, dont l'aîné fut François du Hallay.

XI. FRANÇOIS DU HALLAY, seigneur du Hallay, de Retiers et de Montbrault, épousa LOUISE RABAULT DE VILLAHIER, dont il eut Jéhan qui suit et Geneviève du Hallay, mariée à Louis de la Villeprunier, seigneur de la Chaise, de Marolles et autres lieux.

XII. JEHAN DU HALLAY, deuxième du nom, épousa JEANNE DE BRÉRON, dont il eut : 1° Etienne qui suit ; 2° Claude du Hallay ; 3° Jeanne du Hallay.

XIII. ETIENNE DU HALLAY, seigneur du Hallay, de la Borderie et de Montbrault, sire de Retiers, chevalier des ordres du roi, défendit vaillamment son château de la Borderie contre le duc de Mercœur, et guerroya ensuite dans la Guerche avec Olivier de Clisson. Il avait épousé GILLONNE DE COETQUEN, sœur de la vicomtesse de Rohan. Une des clauses du contrat (1) de mariage fut que la maison du Hallay ajouterait à son nom celui de Coëtquen, lors du décès du dernier mâle de Coëtquen; qu'elle en prendrait les armes et serait mise en possession de ses biens. Néanmoins, par courtoisie, cette clause ne fut exécutée qu'à la mort de la maréchale de Duras, née Coëtquen. Il eut de son ma-

(1) Le contrat de mariage où ces clauses sont stipulées, a été déposé par M. le marquis du Hallay-Coëtquen actuel, à l'étude de maître Beaufeu, notaire à Paris.

riage : 1° Louis qui suit; 2° Jean, seigneur du Bois-Macé; 3° Claude, seigneur de Montbrault; 4° Gabrielle du Hallay.

XIV. LOUIS DU HALLAY épousa MARIE DE LOZ, qui lui apporta la terre et seigneurie de Kergouanton; il eut, entre autres enfants, Jean du Hallay, qui suit.

XV. JEAN DU HALLAY, troisième du nom, né en 1617, fut maintenu dans le titre de chevalier, et déclaré noble d'ancienne extraction, par l'arrêt du 4 septembre 1669, de la réformation de la noblesse de Bretagne. Il eut pour femme MARGUERITE HUE, fille de messire Audard Hue, dont il eut :

XVI. EMMANUEL DU HALLAY, seigneur du Hallay de la Borderie, sire de Retiers, qui épousa, le 27 avril 1684, demoiselle MARIE-RENÉE DE SÉVIGNÉ-DE-MONTMORON, fille de haut et puissant seigneur messire Charles de Sévigné (1), chevalier, comte de Montmoron, le Coudray, la Guimbergère, le Pont-Renault, la Bouexière et autres lieux, et de dame Marie de Dreux. Il eut d'elle trois enfants, savoir : Jean, qui suit; Christophe du Hallay et N... du Hallay, dit le chevalier de la Bouexière, chevalier de Malte, mort officier des vaisseaux du roi.

XVII. JEAN DU HALLAY, quatrième du nom, seigneur de la Borderie, sire de Retiers, comte de Montmoron, etc., épousa, le 31 décembre 1734, MARIE-THÉRÈSE GUÉRIN DE LA ROCHE BLANCHE, dont il eut, entre autres enfants :

XVIII. EMMANUEL-AGATHE DU HALLAY, chevalier, seigneur du Hallay, de la Borderie, Kergouanton, etc., sire de Retiers, comte de Montmoron, en faveur de qui la seigneurie du Hallay fut érigée en marquisat. Il était né en 1739; il entra en qualité d'officier au régiment du roi, infanterie, en 1754; fut fait capitaine de cavalerie, en 1761; mestre-de-camp de la même arme et cornette de la seconde compagnie des mousquetaires de la

(1) La maison de Sévigné s'est éteinte dans la maison du Hallay-Coëtquen.

garde ordinaire du roi, en 1763, et depuis second enseigne. Il devint successivement Mestre-de-camp et officier supérieur des mousquetaires noirs de la maison du roi, avant 1789. La révolution étant survenue, le marquis du Hallay émigra, et ne rentra en France qu'à l'époque de l'amnistie. En 1814, Louis XVIII le nomma lieutenant-général, et le fit grand'croix de l'ordre de Saint-Louis. Il était, depuis 1775, grand veneur du comte d'Artois, depuis Charles X. Il avait épousé : 1° en 1761, ELÉONORE-LOUISE LEGENDRE DE BERVILLE ; 2° ELISABETH-EMILIANNE D'ANDRÉE DE PILLES.

Du premier mariage est né :

XIX. EMMANUEL-LOUIS-ELÉONOR-AGATHE DU HALLAY-COETQUEN, mousquetaire de la deuxième compagnie de la garde ordinaire du roi, en 1773, fait capitaine de ce même corps, en 1814, chevalier de l'ordre royal et militaire de Saint-Louis, mort sans postérité.

Du second mariage sont nés :

1° Jean-Georges-Charles-Frédéric-Emmanuel, dont l'article suit ; 2° Frédéric-Jean-Louis-Suzanne-Emmanuel du Hallay-Coëtquen, inscrit aux pages, en 1814, et garde-du-corps de Monsieur, en 1817.

XX. JEAN-GEORGES-CHARLES-FRÉDÉRIC-EMMANUEL, MARQUIS DU HALLAY, capitaine au 1er grenadier à cheval de la garde, gentilhomme de la chambre du roi, devenu le chef de sa maison par la mort de son frère aîné, décédé sans enfants mâle, entra en qualité d'officier dans la garde royale, fit la campagne d'Espagne avec le duc d'Angoulême, et s'y fit distinguer par son caractère brave et chevaleresque. La révolution de Juillet a brisé sa belle carrière militaire. Le marquis du Hallay, en rentrant dans la vie privée, n'y trouva pas le repos. L'esprit de parti l'y poursuivit, et s'armant de sa bravoure et de son habileté dans les armes, attaqua sa loyauté et dénigra ses actions. Toutefois le jour de la réparation ne se fit pas attendre, et au mois de février 1833, après la collision survenue entre les légitimistes et les républicains, depuis le duel du vicomte de Barbot de la Trésorière, son arrestation et celle du colonel marquis de Montmort, réputés agents de la duchesse de Berry, le marquis du Hallay-Coëtquen fut choisi comme arbitre dans les discussions et duels politiques. Ce fut là une marque d'estime à laquelle il dut être d'autant plus sensible, qu'elle était une protestation contre les attaques malveillantes auxquelles il avait été en butte.

M. le marquis du Hallay, qui a beaucoup vu et beaucoup voyagé, a publié un volume intitulé : *Nouvelles et Souvenirs*, dans lequel il a voulu initier le lecteur à quelques-uns des actes de sa vie qui ont laissé dans son esprit les plus vives impressions.

Quiconque a lu cet attrayant ouvrage, est convaincu que si M. le marquis du Hallay a une main expérimentée dans le métier des armes, elle n'est pas moins habile à manier la plume. On admire surtout la facilité avec laquelle son style se plie à tous les caprices de son imagination. Tour à tour triste et rêveur, tendre et passionné, aimable et enjoué, sérieux et profond, caustique et mordant, il passe sans effort par tous les tons du sentiment, et les expressions viennent, comme par enchantement, se ranger sous sa plume facile, revêtues, jusqu'à la plus tendre nuance, des couleurs de sa pensée.

Quoique une courte citation ne puisse pas donner une idée bien exacte du caractère d'un ouvrage, nous ne pouvons résister au désir de faire la suivante.

. . . .

Et vous tous, mes vieux compagnons, nous sommes bien dispersés en cette France ; plusieurs sont rentrés dans les rangs de l'armée; et dans ceux qui marchent au premier rang, là où il y a de l'honneur à acquérir, je suis sûr de rencontrer le nom d'un des nôtres : à Anvers, en Afrique, puis sous d'autres couleurs, en Portugal. Et vous, mes camarades non rappelés, puissiez-vous avoir attaché votre barque à un port hospitalier, et puisse le bonheur être venu s'asseoir à votre foyer. Nous, soldats, nous avons payé les fautes de la restauration ; que vous importaient, je le demande, les jésuites, etc...

La France, en son courroux, à sévi contre nous, nous l'aimons, *quand même ;* nous lui souhaitons bonheur, prospérité, et je suis sûr d'être votre fidèle interprète, vous tous, officiers de cette garde méconnue, en lui disant qu'en cas d'invasion de l'étranger, nous serons toujours ses enfants, irons la défendre, et pour cela, la couleur du drapeau ne fera rien : ce sera là notre vengeance... Je vous y donne rendez-vous, mes camarades ; plus d'un ne répondra peut-être pas à l'appel ; c'est qu'il se sera endormi du sommeil dont on ne se réveille plus; les fatigues des longues guerres de l'empire avaient usé la vie chez beaucoup.

Amis, que la terre alors vous soit légère : et nous, plus jeunes, nous tâcherons d'être dignes de vous et de nos devanciers.

C'est ainsi que l'auteur termine le chapitre intitulé : *Un Souvenir de Rosni, en août* 1830. Ce chapitre est, de tous, celui qui émeut le plus vivement. C'est le récit de la dernière halte d'un des régiments les plus fidèles au drapeau des lys, celui de La Rochejacquelin, que, par une inconcevable impéritie, les ministres abusés par des craintes exagérées avaient envoyé, au printemps de 1830, à Caen, pour y chercher des incendiaires qui n'existaient pas.

Le chapitre intitulé *une Saint-Hubert à La Ferté-Vidame*, nous a paru réunir toutes les qualités que peut réclamer le récit d'une grande chasse couronnée d'un plein succès ; nous avons également remarqué *l'Excursion au prytanée de Ménars et au château de Saint-D....*, la nouvelle intitulée *Nathalie*; et enfin, le dernier chapitre portant le titre de *Valence*.

M. le marquis du Hallay-Coëtquen a épousé, en 1835, madame la princesse de Chimay, dont il a eu un garçon, JOSEPH DU HALLAY-COETQUEN.

Comme nous ne consacrerons pas un article spécial à la maison de COETQUEN, éteinte dans la personne de la maréchale de Duras, nous donnons à la suite de l'article de la maison DU HALLAY une courte notice, en mentionnant seulement quelques-uns des membres de cette maison.

RAOUL DE COETQUEN fut un des capitaines les plus distingués qui combattirent sous les ordres du connétable Bertrand du Guesclin, aux différents siéges de Bressières, Chauvigny, Moncontour et Montmorillon en Poitou, dans la campagne de 1371.

JEAN DE COETQUEN, petit-fils du précédent, fut un des capitaines qui contribuèrent le plus à repousser les Anglais à la bataille d'Azincourt, au commencement de l'affaire; mais après l'issue de la bataille dans laquelle les Anglais ne perdirent que seize cents hommes et les Français dix mille, Jean de Coëtquen fut trouvé au milieu d'un cercle d'Anglais, tués sans doute de sa main avant qu'il tombât lui-même.

Un autre JEAN DE COETQUEN, grand-maître de Bretagne, fut envoyé en France par le duc de Bretagne, lors du mariage de sa fille Anne avec le roi Charles VIII, pour y stipuler les intérêts du duché de Bretagne qui allait être réuni à la France.

Les armes de la maison de Coëtquen étaient : *bandé d'argent et de gueules.*

Parmi les alliances de la maison du Hallay-Coëtquen on distingue celles avec les maisons de Rohan, d'Acigné, de Loz, de Saint-Brice, de Saint-Gilles, de Sévigné, de Goyon-Matignon, et par ceux-ci de Montmorency; etc., etc.

BAILLON (MAISON DE).

ARMES : *de gueules à une tête de léopard d'or bouclée du même;* SUPPORTS : *deux lions*, DEVISE : *zitto*, COURONNE de comte.

La maison de Baillon est originaire d'Italie, où le nom en langue du pays est Baglioni. Guichardin, auteur d'une histoire d'Italie, parle de cette maison, comme d'une des plus importantes du pays. Il insiste surtout sur la puissance et l'autorité qu'exerçait à Rome un Jean-Paul Baillon, qui périt victime de la politique astucieuse du Pape Alexandre VI et du duc de Valentinois, fils d'Alexandre. La mort de cet homme puissant causa de grands troubles, et força ses enfants à se réfugier en France.

Arrivée en France, la maison de Baillon, dont la puissance et les vertus guerrières étaient bien connues, s'associa aux destinées de sa patrie d'adoption. Plusieurs de ses membres occupèrent dans l'armée des grades éminents, entre autres le maréchal de Baillon dont la carrière est au-dessus de tout éloge. Un neveu du maréchal, Pierre de Baillon, figure parmi les seigneurs français qui furent tués à la bataille de Poitiers en 1356, ainsi que cela se voit dans le registre ou catalogue qui avait été dressé par les frères prêcheurs au monastère desquels furent enterrés tous les gentilshommes de distinction morts à cette bataille. Ce n'est même qu'à partir de ce Pierre de Baillon que l'on a pu établir la généalogie de cette maison, mais aussi est-elle établie incontestablement et sans lacune jusqu'à nos jours.

Cette famille a formé plusieurs branches qui se sont éteintes successivement à l'exception de celle qui est aujourd'hui représentée par M. le comte Rodolphe-Charles de Baillon, et qui est la branche des seigneurs de Forges. Les autres étaient celles de Louans, de Janvrys, de Bruières, de la Brosse, de Mortfontaine, de Caudebec, de Valence, de Thimecourt, etc., etc., qui toutes ont marqué d'une manière honorable dans l'histoire de la monarchie française.

Il paraît que lors de l'émigration de la maison de Baillon en France tous les membres de cette famille ne quittèrent pas l'Italie ; car nous voyons Jean-Paul de Baillon, fils de Guillaume de Baillon et de Charlotte Briçonnet, seigneur chatelain de Louans et écuyer de la reine Anne d'Autriche, venir en Italie pour assister à l'ouverture de la Porte Sainte, en 1600, et plus tard, lors du grand Jubilé de 1625, faire encore ce voyage, et renouer avec la marquise Jullia Baglioni et son fils, évêque de Pezzaro, les relations de parenté qui avaient toujours existé entre les Baillon de France et ceux d'Italie. Depuis son retour en France, Jean de Baillon entretint une correspondance suivie avec l'évêque de Pezzaro, qui, dans toutes ses lettres, le traitait comme son parent.

La maison de Baillon compte également des alliances avec les grandes familles nobles de l'Italie et de la France ; nous citerons entre autres les maisons de la Rochefoucauld, de Laval, d'Haqueville, du Mesnil-Simon, de Coursan, de Séguier, de Briçonnet, etc., etc.

Ainsi que nous l'avons prouvé, la famille de Baillon remonte bien au-delà de Pierre de Baillon, neveu du maréchal, mais, comme ce n'est qu'à partir de cette époque que la généalogie peut être établie d'une manière non interrompue, nous la commencerons avec lui seulement, renvoyant les lecteurs à l'histoire d'Italie par Guichardin, quant à l'existence de cette maison en Italie, et aux ouvrages et mémoires anciens quant aux premiers temps de son établissement en France.

I. Pierre de Baillon, chevalier, suivit le roi Jean à la bataille de Poitiers que lui livra, en 1356, le prince de Galles. Comme tant de nobles seigneurs, à qui cette journée fut si fatale, Pierre de Baillon fut tué, et ensuite enterré au couvent des frères prêcheurs, lesquels avaient fait graver son nom et ses armes au-dessus de son mausolée. Il eut trois enfants, savoir :

1° Guy de Baillon, qui suit ;

2° Hugues de Baillon, chevalier, qui fut au nombre des lieutenants de Du Guesclin, lorsqu'il réunit son armée à celle de Charles de Blois, avant la bataille d'Aurai ;

3° Marguerite de Baillon, dame de Bainville, mariée à Rogues de Poix, seigneur d'Ignancourt qui servait le roi avec trois écuyers, en 1380. Sa mère lui donna, le 10 avril 1396, les fiefs que Wautier d'Araines et son fils avaient sur la terre de Warlus. Rogues de Foix fut gouverneur de Pontaudemer. Il assista avec un autre chevalier comme lui et huit écuyers à la journée de Montreuil, le 1er mai 1410. On a trouvé de lui une quittance de 180 livres qu'il avait prêtées à ses écuyers sur leurs gages; elle porte la date du 12 juin 1410, scellée de ses armes; il mourut à la bataille d'Azincourt, à laquelle il assistait avec son neveu, Matry de Baillon, qui y périt aussi.

II. Guy de Baillon, seigneur de Louanville, en Beauce, fut guidon, ou lieutenant, dans la compagnie du capitaine Lahire, il laissa un fils, Matry de Baillon qui suit.

III. MATRY DE BAILLON, seigneur de Louanville, après avoir assisté à la bataille de Rosbec, fut tué à celle d'Azincourt si fatale à la noblesse française.

IV. MICHEL DE BAILLON, fils du précédent, seigneur de Louanville, vicomte de Caudebec, se trouva aux batailles de Crevant et de Verneuil que Charles VII perdit contre les Anglais. Il eut quatre enfants, savoir : 1° Adam de Baillon dont l'article suit; 2° Odet de Baillon qui épousa N... Duthys, et qui, comme Cadet, fit la différence des armes en mettant une barre entre la tête de Léopard et les boucles; 3° N.... de Baillon, seigneur de Quinquempoix, mort sans enfants; 4° N.... de Baillon, seigneur de Voisins, qui laissa un fils, Louis de Baillon, seigneur de Voisins et de Boissière, qui figure dans une quittance du 3 mai 1597, donnée en nom collectif et comme fondé de pouvoirs par Adam de Baillon, son beau-frère.

V. ADAM DE BAILLON, premier du nom, seigneur de Valence, fils de Michel, qui précède, fut embassadeur en Angleterre et ensuite à Constantinople. Il épousa, en premières noces, PHILIPPE

WAUTHIER, veuve de N.... de Janillac, dont il eut trois enfants qui suivent, et, en secondes noces, JEANNE LECLERC, dont il n'eut pas d'enfants. Ceux de son premier mariage furent :

1° Adam qui suit ;

2° Jean de Baillon, seigneur de Janvrys, Boissy, Bruières, Olinville, Marivault, Invilliers, conseiller du roi et trésorier de son épargne, garde-des-sceaux des obligations de la vicomté de Caudebec, qui épousa, en premières noces, VALENTIN LECLERC, fille de Michel Leclerc, sieur de Maison-sur-Seine, contrôleur de l'écurie du roi, dont il eut un fils, Guillaume de Baillon dont l'article suivra, lequel devint le chef de la maison de Baillon, son cousin, Adam de Baillon, 3e du nom, étant mort sans postérité ; et trois filles, savoir : Anne de Baillon, mariée à Messire de l'Estoile, grand audiencier ; Marie de Baillon, femme de René de Crespin, seigneur du Gast et des Loges, président des comptes à Paris; et Geneviève de Baillon, qui épousa Jean Chaudron, seigneur de Méridon. Jean de Baillon épousa, en secondes noces, MARIE D'HACQUEVILLE, fille du baron de ce nom, seigneur de Garges et d'Anichy, avocat au parlement; il eut de ce second mariage trois enfants : 1° Jean de Baillon, seigneur de Janvrys qui épousa, l'an 1587, Suzanne du Tixier, fille de Messire du Tixier, seigneur du Mesnil ; 2° N.... de Baillon, seigneur de Marivaux, mort sans enfants; 3° Françoise de Baillon, qui épousa Gilles de Jourdain ;

3° Bertrand de Baillon, Seignenr des bois d'Aix et de Méleran, lequel épousa, le 1er décembre 1572, Bonne de la Rochefoucauld, fille de René de la Rochefoucauld, 2e du nom, seigneur de Neuilly le noble, de la Rochebourreau, du Rueau Persil, de Villiers et de la Brosse, lieutenant de la compagnie d'ordonnance de Louis de Rohan, seigneur de Montbazon, écuyer tranchant ordinaire de la reine ; il est qualifié lieutenant d'une compagnie de 50 hommes d'armes dans une lettre que le roi Henri III lui accorda au camp de Moulins, le 21 décembre 1582, pour l'exempter de la contribution au ban et arrière-ban qu'il devait à cause de ses fiefs et tènements nobles.

VI. ADAM DE BAILLON, deuxième du nom, suivit le parti d'Anne de Beaugeu, régente pendant la minorité de Charles VIII, et prit part à la bataille de St-Aubin que cette princesse gagna sur le duc d'Orléans qui lui disputait la régence. Il laissa de N.... de LAVAL son épouse : 1° Adam, dont l'article suit ; 2° Charles de Baillon, doyen et baron de Meung-sur-Loire, mort sans postérité; 3° Marguerite de Baillon, mariée à Louis de Baillon, son cousin.

VII. ADAM DE BAILLON, troisième du nom, seigneur de Valence, étant mort sans enfants, l'héritage des noms et titres des Seigneurs de Baillon échut à Guillaume de Baillon, fils de Jean de Baillon, seigneur de Janvrys et autres lieux, dont l'article suit, lequel était son cousin. On a d'Adam de Baillon une quittance, en date du 3 mai 1597, passée devant Belot et Favereau, notaires, consentie tant en son nom que comme chargé de pouvoirs de son frère, Charles de Baillon, et de Louis de Baillon, son cousin, et tout à la fois son beau-frère, ce dernier agissant au nom de sa femme, Marguerite de Baillon.

VIII. GUILLAUME DE BAILLON, seigneur de Louans et de Rouville, conseiller du roi et maître ordinaire en la chambre des comptes à Paris, fils de Jean de Baillon, trésorier de l'épargne, seigneur de Janvrys, etc., était en Italie, lorsque son père mourut, en 1559, ce qui fut cause qu'il perdit la charge de trésorier de l'Epargne, dont s'empara M. de Fitte, baron de Soucy, son cohéritier. Il épousa 1° MARIE SÉGUIER, fille de Nicolas Séguier, seigneur de Saint-Cyr et maître des comptes, après avoir été receveur ordinaire de Paris et contrôleur général de l'artillerie, et de Claude de la Forge, laquelle était fille de Jean de la Forge, receveur général des finances en Picardie, et de Claude Molé; 2° CHARLOTTE BRIÇONNET, fille de Jean Briçonnet, seigneur de Glatigny, d'Achères, de Boisfouchet et de Villedomblé, président des généraux des finances en la cour des aides à Paris, et d'Etiennette de Bérulle, veuve de Charles Bernard, seigneur de Foras, gentilhomme ordinaire de la maison du roi, gouverneur de Nogent-sur-Seine, et fille de Jacques de Bérulle, seigneur de Bailly et de Quincy, et d'Anne Ponnard. Il eut de ces deux unions plusieurs enfants, entre autres :

1° Jean de Baillon, qui suit;

2° Valentine de Baillon, mariée à François Bernard, seigneur de Foras, gouverneur de l'hôtel du duc d'Orléans, fils de France;

3° Michelle de Baillon, épouse de Messire André de Guiry, chevalier, seigneur, marquis de Guiry;

4° Charlotte de Baillon, femme de Jacques de Poissy, écuyer, seigneur de Cléry, laquelle épousa en premières noces Nicolas Foucault, sieur de Mandestour;

5° Anne-Marguerite de Baillon, femme de Jean Jaupitre, seigneur d'Estiolles, Conflans et de la Chesnaye, secrétaire du roi et général de France;

6° Jacques de Baillon, seigneur de Janvrys, mort sans postérité;

7° Marthe de Baillon, femme de N.... seigneur de Cormont.

IX. Jean de Baillon, écuyer de la reine Anne d'Autriche, seigneur châtelain de Louans, fit le voyage d'Italie en 1599 pour assister à l'ouverture de la Porte Sainte, en 1600; quelques années après son retour en France, ayant été visiter le tombeau de son arrière-parent, Pierre de Baillon, mort à la bataille de Poitiers, il fit repeindre les armes qui étaient sur le mausolée et que le temps avait effacées. Il alla au siége de Montauban, en qualité de colonel dans le régiment de Picardie. C'est encore lui qui, en 1625, fit le voyage d'Italie lors du Jubilé, et il profita de son séjour dans le berceau de sa famille, pour renouer les relations d'affection et de parenté qui avaient toujours existé entre les Baillon de France et ceux d'Italie, ainsi que nous l'avons dit au commencement de cette notice.

Jean de Baillon avait épousé Anne Laubigeois, fille de Pierre Laubigeois, auditeur des comptes, et d'Anne Lhuillier, dont il n'eut pas d'enfants. A sa mort, le chef de la maison de Baillon fut Jacques de Baillon, écuyer, seigneur de Janvrys, fils de Jean de Baillon, lequel Jean était le deuxième fils de Jean, premier du nom.

X. Jacques de Baillon, écuyer, seigneur de Janvrys, gentilhomme de la chambre du roi, eut deux fils :

1° Pierre de Baillon, qui suit;

2° Germain de Baillon, lequel fut tué à la bataille de Fleurus, sous Louis XIV. Il laissa un fils qui mourut sans postérité.

XI. Pierre de Baillon, fils aîné de Jacques qui précède, écuyer de la maison du roi Louis XIV, seigneur de Janvrys et autres lieux, eut un fils, Jacques, dont l'article suit.

XII. Jacques de Baillon, deuxième du nom, écuyer, seigneur de Janvrys, qui mourut sans postérité. Avec lui s'éteignit la branche des seigneurs de Janvrys.

A la mort de Jacques de Baillon, seigneur de Janvrys, ce fut la branche des seigneurs de Forges, qui était alors représentée par Cosmes de Baillon, qui devint la branche aînée de la maison de Baillon.

Branche des seigneurs de Forges.

La branche des Baillons, seigneurs de Forges ; remonte, comme toutes les autres branches de cette maison, à PIERRE DE BAILLON, neveu du maréchal. Nous ne ferons remonter néanmoins la généalogie de cette branche qu'à ODET DE BAILLON, arrière-petit-fils de PIERRE et deuxième fils de MICHEL DE BAILLON, vicomte de Caudebec, comme étant le premier seigneur de Forges.

I. ODET DE BAILLON, seigneur de Forges, vicomte de Caudebec, épousa, en premières noces, JEANNE LECLERC, et en deuxièmes noces, N..... DU THYS, dont il eut un fils qui suit.

II. CLAUDE DE BAILLON, seigneur de Forges, grand audiencier de France, conseiller du roi et maître ordinaire en la chambre des comptes à Paris, lequel épousa NICOLE HECTOR DE MARLE, fille de Christophe Hector de Marle, seigneur de Versigny et autres lieux, maître des requêtes, et d'Antoinette Briçonnet, sa première femme ; il eut de ce mariage cinq enfants :

1° Alexandre de Baillon, dont l'article va suivre;

2° Claude de Baillon, seigneur de Valence, gentilhomme de la chambre du roi, qui épousa Françoise de Bordeaux, sa cousine, dont il n'eut pas d'enfants;

3° Magdeleine de Baillon, épouse de Charles de Donchelles, seigneur, baron d'Osnay;

4° Antoinette de Baillon, femme de Claude Brettes, seigneur de la Coudre, maître des comptes à Paris;

5° Anne de Baillon, femme de messire Jean Miron, écuyer, seigneur de Bonne, conseiller au grand conseil et fils du lieutenant civil de Paris.

III. ALEXANDRE DE BAILLON, seigneur de Forges et de Bajolet, lequel eut deux femmes, savoir: JOACHINE DUMESNIL-SIMON, fille de Charles du Mesnil-Simon, seigneur de Parassy et d'Anne Piedefer, et MARGUERITE DE BEZANÇON : il eut de son premier mariage quatre enfants, qui sont:

1° Robert de Baillon, fils aîné, qui suit;

2° Jérôme de Baillon, 2e fils, écuyer, seigneur de Bajolet, qui eut un fils, Jacques-Antoine de Baillon, écuyer, qui mourut sans enfants, étant lieutenant au régiment de Bourgogne;

3° François de Baillon, 3e fils, seigneur de la Bretonnière;

4° Joachine de Baillon, qui fut mariée à Ambroise de Polliard, écuyer, seigneur de la Cave-Basse et autres lieux.

Les enfants du deuxième lit, au nombre de trois, furent:

5° Charles de Baillon, fils aîné, seigneur de Mortfontaine, qui épousa N.... de Braque, sœur du marquis de ce nom, lequel Charles fut la tige de la branche des seigneurs de Thimecourt, dont nous parlerons ci-après.

6° Claude de Baillon, seigneur de Thimecourt et de Gacourt en partie, écuyer, qui épousa N.... Beray;

7° N.... de Baillon, écuyer, seigneur de Sarcelles, mort sans postérité.

IV. Robert de Baillon, écuyer, seigneur de Forges, assista aux batailles de Fleurus et de Staffarde que Louis XIV gagna contre les puissances qui s'étaient liguées à Augsbourg, dans l'intention de s'opposer à la puissance et à l'agrandissement de de la France. Il eut de sa femme, Marie Dudemart, trois enfants, savoir :

1° Jean-Claude de Baillon, qui suit;

2° Anne de Baillon, qui fut mariée à N... Duquesnoy, écuyer;

3° Marie-Anne de Baillon, épouse de N... du Buisson-Fallu, écuyer.

V. Jean-Claude de Baillon, écuyer, seigneur de Forges, maréchal-des-logis des chevaux-légers, commissionné de mestre de camp, qui, après avoir fait avec distinction les principales campagnes du règne de Louis XIV, fut tué à la bataille de Malplaquet, qui mit la France à deux doigts de sa perte. Il avait épousé Barbe Ferré, dont il eut six enfants, qui furent :

1° Cosme de Baillon, dont l'article suit;

2° Claude-Alexandre de Baillon, écuyer, mort sans postérité;

3° Marie-Anne-Rose de Baillon;

4° Angélique-Élisabeth, qui fut élevée comme sa sœur qui précède, à Saint-Cyr, après avoir prouvé qu'elles descendaient d'Odet de Baillon, premier seigneur de Forges;

5° Louise-Victoire de Baillon, non mariée;

6° Marie-Barbe de Baillon, morte sans enfants.

VI. COSME DE BAILLON, seigneur de Forges, brigadier des mousquetaires, père de Cosme de Baillon, chevalier, seigneur de Forges, des grands et petits Chasnay, capitaine au régiment de Vaubecourt (infanterie), marié à MARIE-HENRIETTE ÉDELINE.

VII. COSMES-GÉRARD DE BAILLON, seigneur de Forges, comte de Baillon, mousquetaire, a accompagné le roi à Gand, en 1815; il a épousé Mlle AGATHE-HENRIETTE DUPORT, fille d'Adrien Duport, député aux États-généraux par la noblesse de Paris, et de Henriette de Thubeuf; il a eu deux enfants, savoir :

1° Rodolphe-Charles de Baillon, qui suit;

2° Christiane-Agathe de Baillon, mariée à Aimé, comte de la Rivière-Prédange.

VIII. RODOLPHE-CHARLES DE BAILLON, seigneur de Forges, comte de Baillon, le seul représentant de cette ancienne et grande maison, non marié en 1845.

Branche des Seigneurs de Thimecourt et de Gacourt.

La branche des seigneurs de Thimecourt et de Gacourt remonte, ainsi que nous l'avons dit, à Charles de Baillon, seigneur de Mortfontaine, fils d'Alexandre, seigneur de Forges.

I. Charles de Baillon, seigneur de Mortfontaine et de Thimecourt, épousa mademoiselle de Braque, dont il eut plusieurs enfants, et entre autres N... de Baillon, qui suit.

II. N... de Baillon, seigneur de Mortfontaine et de Thimecourt, épousa N... Ancelin, fille du seigneur de Gacourt, dont il eut plusieurs enfants, entre autres N... qui suit, N.. de Baillon, écuyer, mort sans postérité.

III. N.. de Baillon, seigneur de Thimecourt et de Gacourt, qui, au titre de Thimecourt, ajouta celui de Gacourt, qu'il tenait de sa mère; il a laissé deux fils qui suivent :

1° Alexandre, dont l'article suit;

2° Charles de Baillon, chevalier, seigneur de Thimecourt et de Gacourt, mort sans postérité.

IV. ALEXANDRE DE BAILLON, comte de Baillon, était lieutenant-colonel au régiment de Bourbonnais, chevalier de Saint-Louis à la retraite de Prague (guerre de sept ans); il reçut plus tard le gouvernement des îles d'Hyères; il épousa CHARLOTTE D'ASSÉ, dont il n'a pas eu d'enfants, en sorte que cette branche s'est éteinte, comme les autres, à l'exception de celle des seigneurs de Forges.

MADAME LA MARQUISE D'ALIGRE.

Parmi les femmes distinguées que Paris a vues dans son sein depuis le commencement de ce siècle, on nous saura gré d'en faire figurer une qui a laissé après elle le souvenir le plus touchant.

Possédant tous les talents que procure une bonne éducation, madame la marquise d'Aligre eût pu y trouver une juste célébrité ; mais, comme si elle avait compris de bonne heure toute la vanité de cette gloire passagère, elle n'y attacha aucune importance. En suivant les nobles inspirations de son cœur, elle élevait à sa mémoire un monument impérissable, à l'abri du caprice du temps et des hommes, parce qu'il reposait sur des vertus et des bienfaits.

Mme LOUISE-CHARLOTTE-AGLAÉ CAMUS DE PONTCARRÉ, MARQUISE D'ALIGRE, née le 26 avril 1776, était issue d'une famille très-ancienne, originaire de la ville d'Auxonne, en Bourgogne.

Cette Maison (1), une des plus illustres de la province, a donné

(1) Voir pour plus amples renseignements sur la maison CAMUS DE PONTCARRÉ, la troisième catégorie de l'Encyclopédie : ILLUSTRATIONS NOBILIAIRES, où une notice particulière a été consacrée à cette grande et illustre famille.

6

à la France des personnages très-éminents par leur mérite et leurs vertus, autant que par les fonctions élevées auxquelles ils ont été promus.

Elle compte parmi ses membres un premier président du parlement d'Aix, en Provence, nommé par Henri III et Henri IV; trois premiers présidents du parlement de Normandie, sous les règnes de Louis XIV, de Louis XV et de Louis XVI; deux évêques, aussi recommandables par leur mérite éminent que par leurs vertus solides et leur piété touchante; des maîtres des requêtes; des prévôts de Paris; un lieutenant-général des armées du Roi; des officiers supérieurs; des chevaliers et commandeurs de l'ordre de Malte, etc., tous heureux de l'héritage de grandeur et de noblesse qu'ils avaient reçu de leurs ancêtres, et l'augmentant encore par les services précieux qu'ils rendaient chaque jour à leur pays.

Mme la marquise d'Aligre était fille de Louis-François-Elie Camus de Pontcarré, chevalier seigneur de Pontcarré, Torcy et autres lieux, marquis de Viarmes, premier président du parlement de Rouen, et de Madelaine de la Tour, fille de Jean-Baptiste des Gallois de la Tour, vicomte de Gléné, marquis de Saint-Aubin, premier président du parlement d'Aix et intendant de Provence, et de Marie-Madelaine d'Aligre, fille d'Etienne-Claude d'Aligre, chevalier seigneur de la Rivière, du Favril, etc., comte de Marans, au pays d'Aunis, président au parlement de Paris, et sœur d'Etienne-François, chevalier seigneur de la Rivière, Baronville et autres lieux, marquis d'Aligre et de la Galaizière, premier président du parlement de Paris et premier commandeur des ordres du Roi, père de M. le marquis d'Aligre actuel, d'où il résulte qu'avant son mariage, Mme la marquise d'Aligre était déjà nièce, à la mode de Bretagne, de M. le marquis d'Aligre, son époux.

Les premières années de Mlle Louise-Charlotte-Aglaé Camus de Pontcarré s'écoulèrent douces et heureuses au sein de sa famille, dont elle faisait le bonheur. Elle partageait son temps entre l'étude et les joies pures et innocentes de l'enfance.

Mlle de Pontcarré n'avait encore que quinze ans lorsque les événements de 1789 entraînèrent le premier président, son père, dans l'émigration où elle l'accompagna. Par ses soins empressés et affectueux, par sa douceur et sa bonté, elle sut épargner à son père les souffrances et les malheurs de l'exil. Ce temps d'épreuves ne fut pas perdu pour Mlle de Pontcarré ; son cœur, naturellement sensible, acquit cette force et cette énergie qui aident à supporter, sans murmure, la fortune contraire des temps difficiles. Et, en passant ainsi brusquement du bonheur au malheur, elle apprit à jouir de l'un avec calme et mesure, et à supporter l'autre avec courage et résignation, tandis qu'elle faisait l'apprentissage de ces vertus précieuses se résumant en une seule, la charité, qui apprend à connaître les infortunes d'autrui, à y compatir, à les soulager. Chacun sait que Mme la marquise d'Aligre était la personnification la plus vraie, la plus touchante de cette vertu sublime.

Après qu'elle eût passé quelque temps en émigration, le premier président, M. de la Tour, son grand-père, déjà plus qu'octogénaire, veuf et privé de ses enfants émigrés, réclama les soins de sa petite fille. Cédant aux vœux de ce vieillard, pour lequel elle avait une grande affection, et encouragée par son noble père, qui eut le courage de se séparer de son enfant chérie, elle vint se fixer auprès de son grand-père, et prodiguer à sa vieillesse les soins les plus tendres et les plus délicats. Elle resta avec lui jusqu'à sa mort, qui eut lieu à l'âge de quatre-vingt-sept ans. Ce magistrat, justement distingué, s'éteignit doucement dans les bras de sa petite-fille, emportant l'estime de ses concitoyens, et leur laissant le souvenir de ses éminents services et d'une carrière noblement remplie.

Ce fut seulement en 1810 et après la mort de son grand-père, que Mlle de Pontcarré, qui avait jusque-là refusé les partis qui s'étaient présentés pour obtenir sa main, consentit à la donner à M. le marquis d'Aligre, son plus proche parent, qui était veuf avec une seule fille qu'il avait eue de son premier mariage avec Mlle de Senneville. Elle combla, par cette union, les vœux de deux familles qui lui étaient tendrement attachées. Ce mariage fut remarquable par un concours de circonstances tellement rares, que nous croyons devoir les rappeler. Les assistants virent célébrer au même autel, à la même messe, trois mariages :

Celui du père;

Celui de la fille;

Celui de la nièce.

Celui du père, c'est-à-dire de M. le marquis d'Aligre avec Mlle de Pontcarré;

Celui de la fille, c'est-à-dire de la fille de M. le marquis d'Aligre avec M. le marquis de Pomereu;

Celui de la nièce, c'est-à-dire de la nièce de M. le marquis d'Aligre, Mlle de Boissy, fille de M. Hilaire Rouillé, marquis de Boissy, et de Mme Catherine-Etienne-Claude d'Aligre, sœur de M. le marquis d'Aligre, avec M. le marquis de Preaulx.

Une fois mariée, Mme la marquise d'Aligre comprit toutes les obligations de sa nouvelle position, et n'y manqua jamais. Le ciel lui ayant refusé le bonheur d'être mère, elle concentra toute sa tendresse sur les enfants de la fille de son mari, laquelle avait épousé M. le marquis de Pomereu. Cette femme, vraiment supérieure, faisait avec une grande distinction les honneurs de sa maison à ses nombreux amis ; sa politesse digne et gracieuse n'établissait point de différence entre les diverses positions sociales de ceux qui obtenaient la faveur d'être admis dans sa société ; elle possédait à un très-haut degré ce tact, bien rare de nos jours, qui apprend à ne jamais blesser les convenances, ni froisser les plus délicates susceptibilités. C'est ainsi qu'elle rappelait par l'aisance et la noblesse de ses manières, par la bienveillance de son accueil toujours aimable, par l'égalité de son humeur toujours gracieuse, par la douceur de son caractère, cette ancienne politesse française qui disparaît tous les jours de notre beau pays, berceau incontestable de la civilisation et de la galanterie.

Bonne, aimable, vertueuse et charitable, la société a regretté et regrette encore une personne qui en faisait le charme et l'ornement. Irréprochable dans sa conduite et dans ses mœurs, elle était l'ennemie déclarée du vice, et cependant elle était remplie d'indulgence pour les erreurs et les fautes des autres. Rarement il sortait de sa bouche une parole de blâme, mais elle ne tarissait pas en consolations ; et pour montrer qu'il n'était pas impossible de vivre dans la sagesse et la vertu, elle offrait pour modèle sa noble et digne conduite.

Elle avait hérité de M. de La Tour, son grand-père, de la terre de Saint-Aubin, en Bourbonnais; elle engageait M. le marquis d'Aligre à y faire de fréquents voyages, et elle profitait de la présence de son mari pour répandre avec plus d'abondance ses bienfaits sur tous les malheureux de la contrée. Il faut dire aussi qu'elle trouvait en lui un digne émule en bienfaisance et en charité.

Depuis la mort de madame d'Aligre, son mari, qui savait qu'elle avait hérité de l'affection de son grand-père pour le bel établissement des eaux thermales de Bourbon-Lancy, placé dans le voisinage de la terre de Saint-Aubin, a cédé à la ville, pour honorer la mémoire de sa noble épouse, une fontaine d'eau douce, dont il était propriétaire, et s'est chargé de faire conduire les eaux, à ses frais, dans l'établissement thermal qui en était privé.

Il a fait aussi l'acquisition importante de plusieurs maisons formant l'enceinte de la place près des eaux et de l'hôpital; de plus, il y a joint le don d'un vaste et fertile terrain destiné à former un beau jardin pour l'hôpital.

M. le marquis d'Aligre a fait ces dons à la ville, à la charge par elle, d'en verser le revenu à l'hôpital, afin d'y recevoir, loger et nourrir un grand nombre de pauvres malades, et principalement ceux qui affluent chaque année à Bourbon-Lancy, et qui étaient privés de ce secours.

Des salles seraient destinées à recevoir les lits fondés par madame la marquise d'Aligre pour les pauvres malades, car sa bonté éclairée s'est constamment occupée d'améliorer le sort des malheureux.

Par reconnaissance, l'administration de la ville de Bourbon-Lancy a rendu un arrêté par lequel il est dit que, dans l'église de l'hôpital, il serait élevé un monument pieux à la mémoire de la donatrice; qu'il serait célébré un service chaque année pour le repos de son âme, et qu'une distribution de blé serait faite aux pauvres malades qui se trouveraient aux eaux. De plus, un monument serait placé au-dessus de la fontaine due au bienfait de madame la marquise d'Aligre, et la place fondée par elle porterait son nom.

Quoique placée au premier rang de la société française par sa noblesse et sa fortune, elle fut inaccessible à toute vanité. Au milieu des grandeurs dont elle était entourée, elle resta toujours aussi simple, aussi modeste qu'elle l'était à cette époque de pénible mémoire, où, fille de l'exilé, elle n'avait que ses soins et sa tendresse pour consoler sa vieillesse et calmer ses ennuis. Toutefois elle appréciait les avantages de sa haute position, car elle y trouvait les moyens, soit par des démarches bienveillantes, soit par sa fortune, de soulager un plus grand nombre de malheureux, et de s'unir aux actes nombreux de bienfaisance qui ont dans tous les temps honoré et rendu cher à la France le nom illustre qu'elle portait.

C'est ainsi que, non contente de nourrir, de vêtir les pauvres, soit à Paris, soit à la campagne, elle a voulu encore s'associer à la fondation de l'asile d'Aligre, où ses cendres reposent. Nous pouvons, sans crainte d'être démentis, assurer que tout son bien a été consacré à des œuvres de bienfaisance. Le pays Chartrain entre autres verra se perpétuer une pieuse institution qui porte le nom de la famille à laquelle elle s'était unie, et à laquelle elle tenait déjà par les liens de la parenté la plus proche. Cette institution, grâce à la sage et intelligente organisation qu'elle a reçue de ses fondateurs, offre à jamais aux vieillards indigens du département un réfuge contre la misère et les souffrances.

On ne s'étonnera pas qu'une femme menant une vie si honorable, si pieuse, si remplie d'actes qui commandent le respect et la vénération, n'ait soulevé contre elle ni l'envie, qui s'attache à tout ce qui brille, ni la jalousie qui s'efforce de rabaisser tout ce qui est vraiment supérieur. Elle fut au nombre si rare des femmes distinguées par leurs vertus qui ne rencontrèrent jamais de cœurs ennemis.

Possédant toute la confiance de M. le marquis d'Aligre, elle partageait ses joies, ses plaisirs et ses peines ; et jamais dévouement plus entier n'avait attaché une femme à son mari. L'événement terrible qui fit craindre pour les jours de son époux a pu contribuer à briser les liens sympathiques qui les unissaient si tendrement. Combien elles furent grandes la consternation et la douleur qui vinrent frapper toute la famille, lorsque, le 27 janvier 1843, elle perdit à jamais cette femme que distinguaient ses qualités personnelles, sa piété exemplaire, ses hautes vertus. Parens, amis, serviteurs, tous pleurèrent et pleurent encore celle qui fut au nombre de ces femmes pures et saintes qui apparaissent à de longs intervalles sur la terre pour consoler l'humanité, et qui font à la fois le bonheur de la famille, l'ornement de la société, l'honneur et la gloire de leur sexe.

A notre appréciation, nous pouvons ajouter le portrait qu'a fait d'elle madame de Genlis :

« En rappelant qu'après avoir été éprouvée par une longue adversité, elle a quitté la terre de l'exil pour rapporter le bonheur » dans le sein de sa famille; qu'elle a considéré la fortune comme » un don de la Providence, comme un moyen de répandre la félicité autour d'elle ; qu'à son nom seul prononcé coulent des » larmes d'attendrissement ; en ajoutant qu'on ne peut la connaître sans éprouver pour elle les sentiments d'estime et de » vénération que commande la bienveillance la plus active et la » plus éclairée, jointe à la pratique de toutes les vertus chrétiennes, je ne dirai que ce qui est su de tout le monde, et j'aurai peint madame la marquise d'Aligre. »

M. le marquis d'Aligre, plus que personne, a senti vivement la perte cruelle qu'il a faite dans la personne de celle qui le rendit si longtemps heureux. Son épouse adorée a emporté avec elle un souvenir qui ne s'éteindra que le jour où la même tombe s'ouvrira pour recevoir les cendres de celui qu'elle aima si longtemps, et qu'elle attend dans une place réservée à côté d'elle.

Les ARMES de la maison de Pontcarré sont : d'azur à l'étoile d'or accompagnée de trois croissants montants d'argent, posés deux en chef et un en pointe, surmontées d'une couronne de marquis; elles ont pour SUPPORTS deux lions, et pour DEVISE : *Justitia est potentia regum.*

L'Encyclopédie du xixe siècle se divise en plusieurs catégories ayant chacune un titre spécial :

1° **Galerie des Rois et des Princes** (8 volumes de 400 pages).
2° **Fastes de la Pairie** (4 volumes de 400 pages.
3° **Illustrations nobiliaires** (4 vol. *id.*)
4° **Tables de la Légion-d'Honneur** (2 volumes de 400 pages).
5° **Académie française** (2 vol. *id.*).
6° **Musée militaire** (2 vol. *id.*).
7° **Illustrations du Barreau et de la Magistrature** (4 volumes de 400 pages).
8° **Médecins célèbres** (2 volumes de 400 pages).
9° **Célébrités universitaires** (1 vol. *id.*).
10° **Contemporaines célèbres** (2 vol. *id.*).
11° **Panthéon artistique** (2 vol. *id.*).
12° **Illustrations du clergé** (2 vol. *id.*).
13° **Industriels célèbres** (2 vol. *id.*).
14° **Galerie scientifique** (2 vol. *id.*).

L'Encyclopédie est imprimée en caractères neufs, dans le format petit in-4°, sur très-beau papier vélin satiné et glacé.

De magnifiques portraits accompagnent les biographies dans chaque catégorie.

LE PRIX DU VOLUME, CONTENANT LA MATIÈRE DE HUIT VOLUMES ORDINAIRES ET TRENTE PORTRAITS, EST DE 15 FRANCS.

Les Biographies extraites de l'Encyclopédie se vendent :

La feuille	1 fr.	»
Le portrait	»	**50 c.**
Les armes	»	**50 c.**

Les lettres et les paquets doivent être adressés FRANCO à M. de LANSAC, directeur de l'ENCYCLOPÉDIE BIOGRAPHIQUE, rue CASSETTE, 8.

Imprimerie DELACOUR et MARCHAND, frères, rue de Sèvres, 94, à Vaugirard.
Dépôt à Paris, rue Saint-Jacques, 80.

www.ingramcontent.com/pod-product-compliance
Ingram Content Group UK Ltd.
Pitfield, Milton Keynes, MK11 3LW, UK
UKHW021131230726
13926UKWH00002B/737